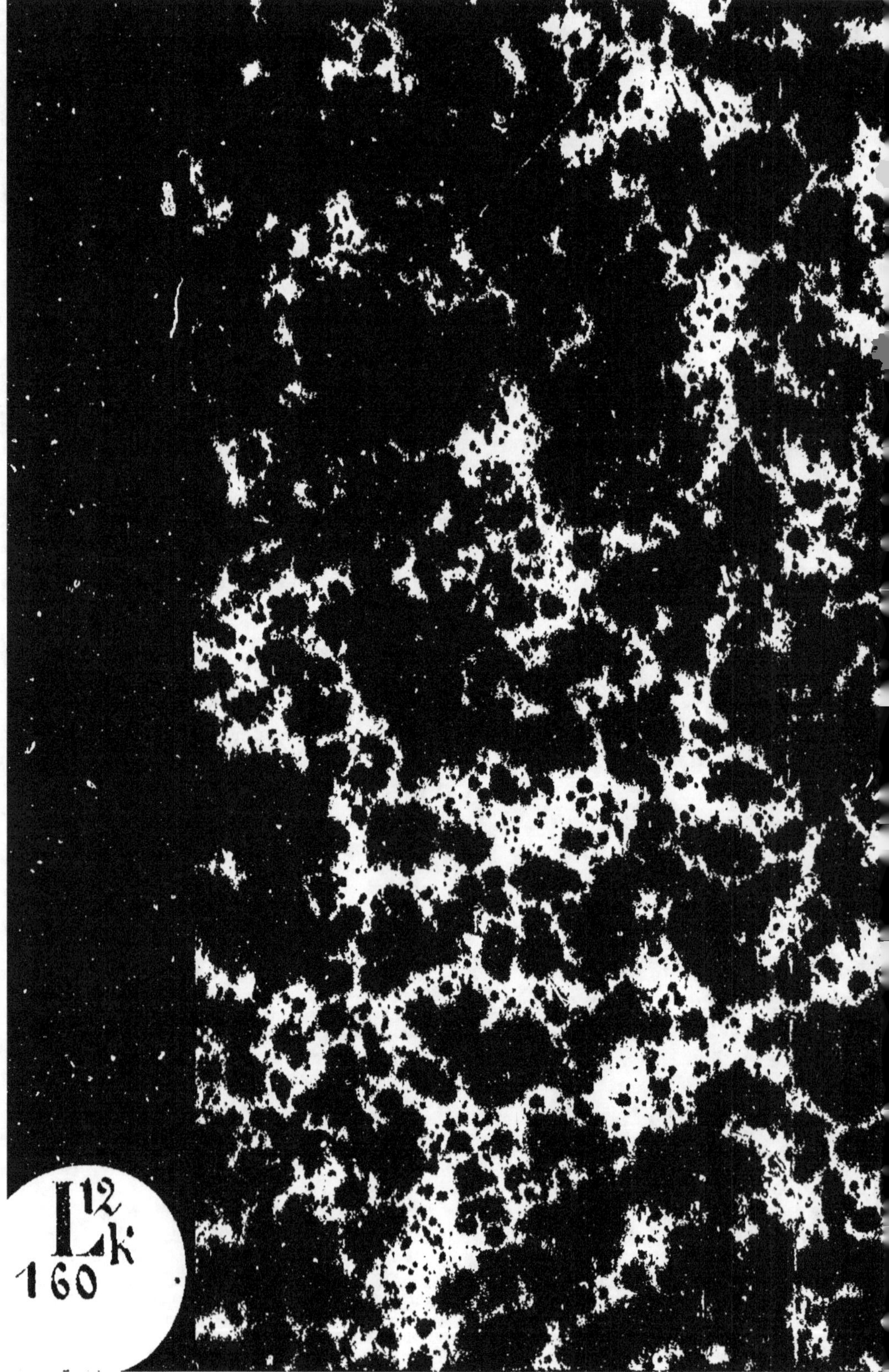

REQUÊTE

POUR MARIE-LOUISE LAMBERT,

NÉGRESSE LIBRE DE LA MARTINIQUE,

DÉTENUE DANS LA MAISON CENTRALE DE RENNES,

Sire,

Le réglement du 28 juin 1738 (titre VII, articles 1 et 2), confère au conseil de V. M. le droit de statuer par VOIE DE RÉVISION sur les sentences rendues en matière criminelle, dans l'ancienne forme, établie par l'ordonnance de 1670.

Cette portion des prérogatives de la couronne n'a point été dévolue à la cour de cassation par les lois de son institution; elle est donc restée inhérente au pouvoir souverain[1].

Nous venons provoquer auprès de V. M. l'exercice de cette importante prérogative, dans les circonstances déplorables que voici.

______

(1) C'est ce qui a été jugé par cette cour, dans son arrêt du 30 septembre 1826, affaire des hommes de couleur de la Martinique, Bissette, Fabien et Volny.

1

FAITS.

Une tentative d'empoisonnement a lieu sur la personne de madame Buée, créole, domiciliée à Saint-Pierre, île Martinique, qui s'était rendue, sur l'invitation de son neveu, M. de La Tuillerie, au quartier du Lamentin, avec M. Buée, son fils, officier d'infanterie.

Le crime était commis par une négresse au service de cette dame, nommée *Marie Claire*, de complicité avec le nommé *Joseph*, nègre de l'habitation La Tuillerie.

Sur la plainte qu'on fit signer à cette dame, la cour prévôtale est saisie, et se transporte du Fort-Royal au Lamentin.

Marie Claire avait été liée d'amitié avec une négresse libre, Marie-Louise *Lambert*, exerçant la profession de marchande en la ville de Saint-Pierre; mais cette amitié était rompue depuis plusieurs années, et Marie Claire se proposait de se venger d'une injure qu'elle attribuait à la différence des conditions.

Il paraît qu'elle avoua son crime; mais en même temps, elle déclara que Marie-Louise *Lambert* lui avait conseillé l'empoisonnement.

La demoiselle Lambert fut mandée de Saint-Pierre au Fort-Royal; mais la prévention paraissait si faible contre elle, à raison du peu de confiance qu'inspirait une femme coupable, de son propre aveu du plus grand des crimes, qu'elle ne fut point arrêtée, et qu'elle eut la liberté de se rendre elle-même du Fort-Royal au Lamentin, pour être interrogée par la cour prévôtale, et confrontée avec Marie Claire.

A l'ignorance où sont dans les colonies les magistrats de profession des vrais principes des lois, se joignaient encore contre Marie-Louise Lambert, trois circonstances de la nature la plus dangereuse pour son innocence :

1º L'ignorance absolue des juges militaires, pris au hasard, dans la garnison mobile de cette île, et obligés de prononcer d'après des lois et des formes qu'ils ne connaissent pas;

2º L'effroi que causent les empoisonnemens, dans un pays où les nègres importés d'Afrique connaissent des secrets qu'ils transmettent aux nègres créoles, et qu'ils ont soin de dérober aux habitans, et la facilité avec laquelle des êtres qui souvent préfèrent la mort à l'esclavage, ont recours à ce moyen terrible de destruction contre leurs maîtres et contre eux-mêmes;

3º Enfin, le peu de cas que dans ces colonies, on fait de la vie, et surtout de l'honneur des individus appartenant à la classe noire, individus, qu'au mépris des ordonnances des prédécesseurs de V. M., et surtout du code noir, les ordonnances locales ont pour ainsi dire *mis hors la loi.*

La rapidité des formes suivies par la cour prévôtale, l'absence de défenseur, et le défaut de publicité, ne peuvent manquer aussi d'être souvent funestes à l'innocence.

Marie-Louise Lambert répondit aux inculpations de la négresse, qu'elle avait cessé toute relation avec elle depuis long-temps; quant à la fourniture du poison, elle demandait que le pharmacien de Saint-Pierre chez lequel on disait qu'elle l'avait acheté fût interrogé, niant qu'elle eût jamais pris chez lui aucune substance vénéneuse.

La cour prévôtale refusa de faire citer le pharmacien; le jugement eût pu en être retardé d'un jour ou deux à cause des distances; et l'honneur d'une négresse ne lui paraissait pas peut-être assez précieux pour perdre un temps si considérable.

Que faire cependant? si la fille Lambert avait fourni le poison, elle était digne de mort; si elle ne l'avait pas fourni, elle était innocente; il fallait la mettre en liberté.

Après avoir déclaré la négresse *Marie Claire* atteinte et convaincue de la tentative d'empoisonnement, et l'avoir condamnée à la peine des parricides; la cour prévôtale prit, à l'égard de la demoiselle Lambert, un *mezzo termine*, qui ne pouvait satisfaire ni la société, ni la justice. En la déclarant seulement *soupçonnée d'avoir conseillé l'empoisonnement et fourni le poison*, elle la condamna à être fouettée et marquée au pied de l'échafaud, et à être conduite dans la métropole pour y subir la peine de la réclusion à perpétuité.

La sentence devient absurde, alors qu'on y voit le nègre *Joseph*, quoiqu'atteint et convaincu du crime, renvoyé à la disposition de son maître, c'est-à-dire remis en liberté après avoir assisté à l'exécution de Marie Claire, et ce, sous prétexte qu'il n'a été que l'instrument passif de Marie Claire; et que son âge le rend insusceptible de la peine qu'il a encourue; d'après l'édit de 1724, cité dans la sentence, la complicité d'empoisonnement emporte la peine de mort.

Une circonstance extraordinaire devait avertir les juges de leur déplorable erreur, et les porter à solliciter eux-mêmes la non exécution de la sentence.

A peine *Marie Claire* eut-elle connaissance qu'elle devait se préparer à la mort, et que son ancienne amie avait été condamnée à une peine afflictive et infamante perpétuelle, qu'elle eut de violens remords; elle fit appeler ses juges, et leur déclara que *Marie-Louise Lambert* était innocente, et qu'elle ne l'avait chargée que pour se venger de la rupture de leur ancienne liaison.

Le vertueux abbé Cailliaux, alors curé dans la colonie, qui a depuis fait des déclarations importantes à M. le marquis de Clermont-Tonnerre, ministre de la marine, sur les abus introduits à la Martinique dans l'administration de la justice, entendit la confession de *Marie Claire*; il supplia les juges de ne pas faire mettre leur sentence à exécution envers Marie-Louise Lambert, et d'ordonner au moins un sursis.

« Il est trop tard, répondirent M. Davout, prévôt et président de cette juridiction, et M. Rivière, avocat et procureur du roi.

—Mais vous n'avez contre Marie-Louise Lambert aucun témoignage; il n'y a d'autre charge que la déclaration de *Marie Claire*, qui la rétracte devant Dieu et devant les hommes.

—Aussi ne l'avons-nous pas condamnée à mort. »

Malgré tout ce qu'on put leur représenter, ils s'embarquèrent sur une pirogue, et retournèrent au Fort-Royal, laissant à M. de Prépetit, lieutenant-rapporteur près la cour prévôtale, le soin de cette exécution.

L'échafaud est dressé au Lamentin; la force publique est commandée; c'est M. de La Tuillerie, neveu de madame Buée, qui, en sa qualité de commissaire de la paroisse, en est le chef; il fait tout préparer pour l'exécution.

Ce créole devait être disposé à l'indulgence, puisque c'est à ses sollicitations que son nègre avait dû d'échapper à la peine de mort, qui était le résultat légal de la déclaration de sa culpabilité. Mais lorsque l'intérêt ne parle pas, les créoles, accoutumés dès leur enfance à voir subir les plus durs traitemens à tous les individus de la classe noire, deviennent impitoyables, et tout sentiment d'humanité s'éloigne de leur cœur.

Marie Claire avant de subir sa destinée, proteste de nouveau sur l'échafaud de l'innocence de Marie-LouiseLambert, et se reproche de l'avoir inculpée. Le rapporteur, M. de Prépetit, cédant à un sentiment de justice et d'humanité (qui n'était en effet qu'une déférence pour une loi existante, ainsi que la suite de ce mémoire le fera voir), hésite à donner l'ordre d'exécution à l'égard de cette dernière; M. de la Tuillerie marche vers le bourreau, et lui ordonne de préparer les instrumens du supplice; celui-ci répond qu'il n'a pas d'ordre à recevoir de lui; le commandant de la paroisse, furieux de cette apostrophe, tire son épée, et lui reproche sa lâcheté : « c'est parce qu'elle est de ta couleur', » dit-il, que tu ne veux pas l'exécuter; » le bourreau s'armant de sa hache, défie son antagoniste, et lui oppose une résistance que celui-ci n'essaya pas de surmonter. Cependant le rapporteur, M. de Prépetit, était revenu de l'impression à laquelle il avait cédé, et oubliant ou ne sachant pas qu'une ordonnance de l'un des prédécesseurs de V. M. accorde en pareil cas un sursis d'au moins quinze jours à l'exécution, il dit à l'exé-

---

(1) Dans les colonies, les fonctions d'exécuteur de la haute justice sont toujours remises à un nègre condamné, qui se rachète ainsi de la mort. Celui-ci réduit par son état à n'avoir jamais rien en propriété avait été cohdamné pour vol.

cuteur de cesser cette lutte, et de faire son devoir.

Le bourreau voyant que la résistance serait inutile : « Je.suis forcé d'obéir, dit-il, et d'exé- « cuter une injuste sentence sur une femme « que l'on vient de déclarer innocente ; mais « avant de le faire, je me punirai moi-même, » et posant sa main gauche sur le fatal billot qui avait servi à la décapitation de la négresse Marie Claire, il se fait sauter un doigt de la main, d'un coup de sa hache, en lançant un regard furieux sur le commandant La Tuillerie, et des imprécations contre les auteurs de la sentence. Deux mois après, le nègre s'est puni plus sévèrement encore, en se donnant la mort.

Telles furent les circonstances déplorables de l'exécution illégale et précipitée de la sentence; la marque et le fouet, exécutés d'une manière sanglante, n'ont été, pour cette malheureuse femme, que le prélude des malheurs qui l'accablent; elle avait une certaine aisance par l'industrie qu'elle exerçait à Saint-Pierre; ruinée par cette condamnation et par la privation de sa liberté, elle a été ramenée en France et enfermée dans la maison centrale de Rennes, où des mains généreuses ont daigné l'assister.

Là, elle a appris qu'un recours en cassation était ouvert contre les jugemens rendus en matière criminelle aux colonies.

Il semblait qu'on ne pouvait opposer au succès de son pourvoi que le laps de temps qui s'est écoulé entre le jour de l'exécution (20 août 1823), et le jour de la présentation de sa requête, appuyée de la signature de deux avocats.

Mais il paraît qu'il est dans la malheureuse destinée de la suppliante d'être toujours victime d'erreurs judiciaires.

La cour suprême, par son arrêt du 25 août 1826, a rejeté ce recours, par le motif qu'elle ne s'était pas pourvue contre le jugement de compétence, qui aurait été rendu au profit de la juridiction prévôtale.

Mais il y a ici erreur de fait : si la cour suprême avait eu les pièces de la procédure sous les yeux, elle y aurait vu que la cour prévôtale de la Martinique s'était saisie de l'affaire, sans aucun jugement de compétence.

Heureusement que pour compenser les immenses désavantages de l'ancienne procédure criminelle, le réglement du conseil a, indépendamment de la voie de cassation, réservé expressément à V. M. le droit de révision et même celui d'abolition.

La loi a même voulu environner l'exercice de ce droit de tant de faveur, qu'elle l'a dispensé des délais ordinaires, et de la signature de deux avocats, formalités requises expressément pour le pourvoi en cassation.

Le motif qui a dirigé le législateur est facile à comprendre ; dans l'ancienne procédure criminelle, le débat n'est ni oral, ni public ; point de jury qui prononce sur l'impression résultant des débats ; les juges souverains se décident d'après des preuves écrites et muettes ; l'erreur sur le fond aussi bien que sur la forme est facile à reconnaître aujourd'hui comme à l'époque du jugement.

Le conseil de V. M. est à portée de se former une opinion aussi éclairée que les juges des lieux ; car il a, ou il peut se faire mettre sous les yeux toutes les charges ; on ne peut pas lui opposer la conviction que les premiers juges auraient tirée des débats, puisqu'il n'y a pas eu de *débats*.

D'un autre côté, la justice est la première dette de la souveraineté, et plus les lieux où la sentence a été rendue sont éloignés du centre de l'empire, plus il est nécessaire que V. M., par un acte de sa souveraine justice, fasse connaître aux magistrats des colonies, que le père du peuple veille partout à la stricte observation des lois ; que partout l'innocence est assurée de trouver auprès du trône une justice qui lui a manqué.

Plus humble est la condition de celle qui réclame la justice de V. M., plus elle est assurée de trouver faveur et protection auprès des conseillers de la couronne, auprès de ceux qui sont chaque jour chargés d'éclairer cette justice.

Les exemples d'ailleurs ne nous manqueraient pas, si nous avions besoin de les invoquer : Qui a accordé une réparation aux *Calas*, aux *Sirven* et à tant d'autres victimes de l'imperfection de nos anciennes lois criminelles? Qui a cassé l'arrêt de condamnation du malheureux comte de Lally? Qui a donné l'ordre de sursis à l'exécution des trois hommes condamnés à la roué, le 20 octobre 1785? et cependant il s'agissait d'arrêts émanés de parlemens dont la puissance rivalisait avec l'autorité royale.

D'ailleurs, l'ordonnance du 5 mai 1750. en ordonnant le sursis à l'exécution de toute sentence emportant la peine de la marque et des galères, a voulu que le recours à la justice du trône pût être librement exercé.

Nous sommes donc autorisés à faire valoir comme entiers tous nos moyens, et à espérer que la sentence déplorable que nous dénonçons à la justice souveraine de V. M. sera mise au néant.

Nous avons d'ailleurs à demander au gouverneur de la colonie et au procureur du roi près la cour prévôtale, compte de l'observation des lois dont l'exécution leur était confiée, et cette question ne peut être portée que devant le conseil de V. M.

Discussion.

Nous la diviserons en quatre parties :
Premièrement, la cour prévôtale de la Mar-

tinique a été illégalement instituée , elle ne pouvait pas avoir de compétence sur les personnes libres.

Secondement, la sentence est radicalement nulle, soit parce qu'elle n'a pas été accompagnée de défense ou de publicité, soit parce que le soupçon, quelque *véhément* qu'il soit, ne peut servir de base à l'application d'aucune peine afflictive ou infamante.

Troisièmement, la sentence n'était pas susceptible d'exécution instantanée, et la peine du fouet était illégale.

Quatrièmement, il y a lieu à responsabilité contre le gouverneur et le procureur du roi.

§ 1er. *Incompétence de la juridiction prévôtale.*

Les rois prédécesseurs de V. M. , en instituant, dans les colonies, des conseils supérieurs, leur confièrent, exclusivement aux gouverneurs, l'exercice de la justice souveraine en matière civile et surtout en matière criminelle. *Ut tueantur ab injuriis et periculis ignotum judicum, et extraordinariorum , quos vocant commissionum quæ periculosissimæ sunt*[1].

A la Martinique, l'institution du conseil supérieur, qui date du 11 octobre 1664, et qui fut confirmée lorsque Louis XIV racheta les

______
(1) Dumoulin, style du parlement, part. III, tit. Ier, § VI.

îles sur les seigneurs, le 1er avril 1679, eut lieu pour faire cesser les abus du pouvoir militaire et de la juridiction prévôtale.

Il fut enjoint aux magistrats eux-mêmes de se conformer strictement aux ordonnances du roi, et diverses lois pénales leur furent successivement adressées en 1685, 1705, 1712, 1719, 1722, 1724, 1726, 1737, 1743; ' pour empêcher tout arbitraire ; plusieurs de leurs arrêts furent cassés, notamment le 22 avril 1754, pour s'en être écartés.

L'édit du 3 février 1724, surtout, a spécifié la peine à prononcer contre les empoisonneurs et contre leurs complices.

Il a été défendu, par des ordonnances ou lettres ministérielles des 7 septembre 1707, 20 mai 1711, 4 mars 1722, 21 mai 1762, 24 mars 1763, aux gouverneurs et aux conseils supérieurs d'entreprendre sur les attributions les uns des autres.

Une ordonnance spéciale de S. M. Louis XVI, du 22 mai 1775, qui renouvelle les principes d'une dépêche du 17 avril 1725, défend expressément aux gouverneurs et intendans, de faire aucun réglement contraire aux dispositions des édits, déclarations et réglemens de S. M., enregistrés aux conseils supérieurs.

Le ministre de la marine et des colonies s'est

---

(1) *Voyez* le 1er volume du Code de la Martinique.

plaint, le 20 mars 1714, qu'on ait traduit des habitans devant une juridiction militaire.

Il est constant en fait qu'il n'a jamais existé de juridiction prévôtale à la Martinique avant la révolution; c'étaient les juges ordinaires, qui, même à l'égard des esclaves, connaissaient de l'accusation d'empoisonnement. Cela est prouvé même par les ordonnances coloniales des 4 octobre 1749 et 12 novembre 1757, citées dans l'art. 36 de l'ordonnance de M. le général Donzelot, du 12 août 1822.

Cette juridiction était inutile; car la procédure criminelle, telle qu'elle est organisée par l'ordonnance de 1670, marche prévôtalement; on a la preuve dans le procès des hommes de couleur, que l'accusation la plus grave peut être mise à fin, au premier degré de juridiction, en sept jours (du 13 au 20 décembre) et en cinq jours en appel (du 7 au 12 janvier). Toute la différence est que l'ordonnance accorde deux degrés de juridiction tandis que la juridiction prévôtale n'en a qu'un.

La justice ne consiste pas dans une célérité telle, que les témoignages essentiels puissent être repoussés, comme cela est arrivé dans l'affaire dont il s'agit aujourd'hui, ou que les accusés n'aient aucuns moyens de faire entendre leur défense. Mieux vaudrait exécuter militairement le coupable, sur le lieu du délit, sans forme de procès; du moins on ne profanerait pas la justice.

Une juridiction prévôtale a été instituée pour la première fois à la Martinique en 1803 (24 vendémiaire an 12), par le capitaine-général Villaret-Joyeuse; mais la guerre venait d'être déclarée; la colonie était en état de siége depuis trois mois. Les blancs furent exempts de cette juridiction dès l'origine; et le 19 avril 1809, les hommes de couleur libres en furent aussi exempts, malgré que l'état de guerre fût toujours subsistant. Un délai de dix ans avait été, par la loi du 30 floréal an 10 (20 mai 1802), accordé au gouvernement, pour préparer les colonies à jouir des bienfaits de la charte qui leur était promise.

Ce tribunal a cessé d'exister à la paix générale; de plein droit et sans qu'on ait eu besoin de l'abolir. Les habitans de la colonie sont restés sous la protection de leurs magistrats ordinaires pendant toute l'administration de M. de Vaugiraud, même à l'époque de la crise des cent jours en 1815. Cependant en avril 1822, c'est-à-dire en pleine paix, M. le général Donzelot, successeur de M. de Vaugiraud, a institué une juridiction prévôtale, qu'il a décorée du nom de Cour, quoique dans l'histoire de notre droit, cette qualification ait été réservée aux juridictions d'appel, qui ont un caractère permanent, et dont les membres reçoivent l'institution du monarque.

Cette ordonnance est motivée, sur ce que le

crime d'empoisonnement est devenu si fréquent, qu'il menace l'existence même de la société, mais l'histoire de la Martinique offre des époques bien plus critiques, c'est celle où la traite des noirs existait, et où les cargaisons venues d'Afrique jetaient dans la colonie des milliers de nègres que le désespoir engageait à empoisonner leurs maîtres, leurs femmes, leurs enfans et eux-mêmes. Cependant la juridiction ordinaire suffit alors pour la répression de ce crime.

« Les tribunaux ordinaires, dit-il, étant as-
« treints à des formes lentes et compliquées,
« peuvent rarement atteindre les scélérats qui
« se rendent coupables de ce crime, et dans tous
« les cas ne portent contre eux que des condam-
« nations trop tardives, dont l'effet est perdu
« pour l'exemple ; il est donc nécessaire de les
« poursuivre avec une célérité qui, en assurant
« leur punition, puisse frapper d'une terreur sa-
« lutaire ceux qui seraient tentés de les imiter. »

Il est conclu que la mesure la plus prompte et la plus efficace à employer pour parvenir à ce but est l'établissement d'une cour prévôtale.

Sans doute les tribunaux doivent inspirer la terreur aux coupables; mais il faut aussi qu'ils inspirent de la sécurité aux innocens, et sans doute la Martinique n'est pas une terre assez ennemie de la justice, pour qu'on ne puisse inscrire sur

la porte de ses tribunaux les vers de Santeuil,
qui décorent le fronton de la Cour de Paris.

Hîc pœnæ scelerum ultricis posuêre tribunal,
Sontibus undè tremor, civibus undè salus.

« La justice, dit notre vieux criminaliste Ay-
« rault, gît en formalité; sans forme, ce n'est
« plus justice, c'est force, c'est violence, c'est
« cruauté, c'est tyrannie pure. »

Quelque célérité qu'on y désire, encore faut-
il que l'on ait le temps d'informer, d'entendre
les témoins à charge et à décharge, et de mettre
l'accusé à portée de faire connaître son innocence.

M. le gouverneur avance cette proposition,
que les tribunaux ordinaires étant astreints à des
formes lentes et compliquées, peuvent rarement
atteindre les scélérats.

Mais la complication ou la lenteur des formes
n'empêchent pas l'arrestation, et dans les colonies, il suffit d'une réquisition, répondue d'une
ordonnance du juge, pour le décret de prise de
corps; cela n'exige qu'une heure environ.

L'ignorance du gouverneur à cet égard est
telle, qu'il ne s'est pas aperçu que les formalités auxquelles il a assujéti le prévôt, le procureur du roi et les juges, sont précisément
celles que l'ordonnance de 1670 a établies.

En sorte que la justice prévôtale, ne peut
pas aller plus vite que celle du tribunal de première instance, il y a identité absolue.

Si le gouverneur avait été éclairé, il aurait vu qu'il n'y avait d'autre différence que la voie d'appel; mais quand on réfléchit que la cour royale ne recommence pas l'instruction et n'entend pas les témoins, qu'elle ne procède qu'à un nouvel interrogatoire, et peut prononcer un arrêt de mort en trois jours; était-ce la peine de déroger à l'ordre des juridictions?

A vrai dire, la juridiction prévôtale ne pourrait pas même procéder avec autant de célérité que la justice ordinaire, si les habitans des colonies étaient éclairés sur leurs droits; car ils ont le droit de se pourvoir en cassation sur la compétence, aussitôt qu'ils sont avertis qu'ils vont être jugés prévôtalement, en vertu de l'art. 19 de l'ordonnance du 12 août 1822, ainsi que cela vient d'être formellement reconnu par l'arrêt de la cour de cassation du 25 août. Au reste, ce n'est pas la volonté de V. M. que l'on fasse si bon marché de la vie ou de l'honneur du plus humble de ses sujets.

Ce n'est pas pour en investir les gouverneurs des colonies que l'auteur de la Charte s'est dessaisi lui-même du pouvoir de créer des juridictions prévôtales, et qu'il en a référé à la législature. L'essai que nous avons fait de ces juridictions terribles pendant deux ans, et la qualification des *tribunaux de sang*, qui leur a été donnée par l'éloquent *Camille Jordan*, nous seront un sûr garant que désormais on n'en proposera plus le rétablissement, et sans doute aussi la sentence qu'une juridiction de ce genre a prononcée contre la suppliante sera, par son iniquité même, un motif suffisant pour en purger la Martinique.

Les anciennes juridictions prévôtales devaient être composées de gradués, au nombre de sept, et M. le général Donzelot en a réduit le nombre à six, oubliant ce principe que quand on supprime un degré de juridiction, on doit au moins y suppléer par le nombre des juges et la solennité du jugement ; il les a dispensés de toute justification de la connaissance des lois de la colonie et des lois générales du royaume, comme si sa commission devait leur donner des lumières suffisantes.

Enfin il n'a rien statué ni sur la publicité du jugement, ni sur l'assistance du défenseur, et il a laissé à des juges ignorans les moyens d'enlever encore cette double garantie aux accusés.

Nous avons déjà, devant la cour de cassation, proposé quelques reproches contre la légalité de l'institution de cette cour, et l'arrêt du 25 août répond que le gouverneur avait pouvoir de l'établir d'après l'arrêté du 6 prairial an X ; mais la délibération de la cour à cet égard n'a pas été suffisamment éclairée ; l'arrêté consulaire, a été rendu en exécution de la loi du 30 floréal an X, qui ne conférait au gouvernement le pouvoir de régir législativement les colonies que pendant dix ans, et nous avons déjà expliqué qu'il avait suffi du rétablissement des anciennes lois, par l'ordonnance du 12 décembre 1814, pour que la juridiction prévôtale alors subsistante fût abolie. M. le général Donzelot n'aurait donc pu trouver que, dans le mémoire d'instruction signé du prédécesseur de votre majesté, les pouvoirs nécessaires pour suspendre comme il l'a fait, la loi sur l'organisation judiciaire, pour confondre ce qui ne s'est jamais vu dans la colonie, les personnes libres avec les esclaves.

Si nous sommes bien informés, le mémoire d'instruction enregistré en la cour royale de la Martinique, lors de son installation, ne conférait pas au gouverneur un tel pouvoir.

A la Guyane française, qui est une colonie beaucoup moins avancée, on n'a permis d'établir une juridiction prévôtale que sur les esclaves (ordonnance du 22 août 1819). Le Sénégal est encore moins civilisé, par conséquent les pouvoirs du gouverneur sont moins limités; cependant l'ordonnance du 17 janvier 1822 ne permet point l'établissement d'une juridiction prévôtale sur les personnes libres; elle accorde un défenseur aux accusés.

Comment le gouvernement du Roi aurait-il pensé à donner un pouvoir si extraordinaire à un gouverneur, quand par l'ordonnance royale du 21 août 1825, appliquée à l'île de la Martinique par ordonnance du 2 janvier 1826, il est dit art. 71 : « Dans aucun cas le gouverneur ne « peut annuler ou modifier par des arrêtés les « lois et ordonnances concernant l'état des per- « sonnes, la législation civile et criminelle con- « tenue dans les cinq codes, et l'organisation ju- « diciaire. »

Cette disposition n'est point innovative; on a prouvé ci-dessus qu'elle n'était que la répé- tition de l'ordonnance rendue par Louis XVI, à son avénement, en 1775.

L'art. 5 de l'arrêté du 6 prairial an X, l'art. 9 de la décision ministérielle du 10 septembre 1817, et l'ordonnance de 1825, donnent aux parties lésées le droit de se pouvoir au conseil de V. M., contre l'abus que les gouverneurs peuvent faire de leur pouvoir.

Jamais ce droit aura-t-il été exercé plus jus- tement qu'au nom de la suppliante? N'a-t-elle pas droit de rendre M. le général Donzelot responsable de l'ignorance des juges qui se sont emparés de sa personne, et de lui demander une réparation devant les tribunaux?

N'a-t-elle pas droit de lui redemander l'ai- sance qu'elle n'aurait pas dû perdre, son air natal, sa liberté et son honneur, si cruellement compromis?

La cour de cassation en rejetant le pourvoi dirigé par la suppliante contre la sentence pré- vôtale, parce qu'elle s'est crue incompétente pour en connaître, n'a sans doute pas créé un obstacle au succès du recours en révision.

Cependant, quand on défend une femme si malheureuse on craint toujours de n'en avoir pas assez dit; quelques explications à cet égard ne sont donc pas déplacées; car si la cour suprême s'est trompée même sur ce point, c'est un motif de plus d'accueillir son recours.

Or, pour déclarer Marie-Louise Lambert non-recevable dans son pourvoi, l'arrêt du 25 août s'est fondé sur ce que la voie de la cassation n'était ouverte d'après l'art. 15, titre 11 de l'ordonnance de 1670, que contre les jugemens de compétence rendus au profit des prévôts, des maréchaux, et nullement contre les jugemens et sentences des juridictions prévôtales elles-mêmes, et à ce sujet on a invoqué comme exemples analogues l'interdiction du recours en cassation prononcé à l'égard des tribunaux prévôtaux, en matière de douanes, par le décret du 18 octobre 1810, et à l'égard des cours prévôtales établies sous l'empire de la Charte par la loi du 20 décembre 1815. « D'où il suit, dit l'ar-
« rêt, qu'à aucune époque de notre législation,
« la voie de la cassation n'a été ouverte lorsqu'il
« s'agissait de cas prévôtaux, que contre les juge-
« mens de compétence, et jamais contre les *juge-*
« *mens et arrêts* qui prononçaient sur le sort. »

A une conclusion aussi formelle et aussi précise , on ne peut qu'opposer un texte de loi précis.

Postérieurement à l'ordonnance de 1670, a été rendu par l'un des prédécesseurs de V. M. le réglement du 28 juin 1738, qui y a dérogé en plusieurs points , et qui a ouvert un recours en cassation , un recours en révision , et même reservé le droit d'abolition , pour remédier autant que possible aux imperfections que plus de soixante-dix-huit ans d'expérience avaient fait découvrir dans la pratique de l'ordonnance.

Le titre V de la première partie de ce réglement est intitulé *des demandes en cassation des jugemens de compétence rendus en faveur des prévôts des marchands ou des juges présidiaux.*

Les art. 1 à 15 de ce titre ne concernent en effet que les jugemens de compétence; mais l'art. 16 et dernier de ce titre est ainsi conçu :

« En ce qui concerne les demandes en cassa-
« tion qui peuvent être formées contre les ju-
« gemens rendus en dernier ressort par les
« prévôts des marchands, ou par les juges pré-
« sidiaux, *autres néanmoins que les jugemens de
« compétence* , les demandeurs seront tenus de
« suivre les règles et formes prescrites par le
« titre IV ci-dessus pour les autres demandes en
« cassation. »

La suppliante s'est pourvue selon ces formes ; sa requête a été appuyée d'une consultation de deux anciens avocats; il paraît donc qu'elle se trouvait dans le cas prévu par cet art. 16. Elle n'avait pu se pourvoir contre le jugement de compétence, puisque la cour prévôtale de la Martinique n'en avait pas rendu.

§ II. *Innocence de l'accusée.*

Pour combattre une accusation, l'homme réduit à ses propres forces, fût-ce le plus habile, est obligé de reconnaître son insuffisance; c'est ce que fit le chancelier *Poyet*, quoique l'un des plus habiles légistes de son temps.

Aussi nos lois veulent-elles qu'un défenseur soit accordé même d'office à l'accusé; la condamnation n'est légitime que sous la condition de la défense. (Arrêt de la cour de cassation, section criminelle, 7 décembre 1822.)

L'ordonnance de 1670 ne défendait pas l'assistance d'un conseil; elle le prescrivait au contraire lorsqu'il s'agissait de l'état des personnes.

Les lettres-patentes de l'un des prédécesseurs de V. M. (Louis XVI), du 3 novembre 1789, qui ont été publiées dans les colonies françaises, sur la réforme des abus de l'ancienne jurisprudence criminelle, ont pour toujours enlevé aux juges le droit facultatif ou discrétionnaire de priver les accusés de défenseur.

Devant les conseils de guerre, comme devant les justices de paix, et dans toutes les juridictions de la France, il y a toute latitude de choix à cet égard.

Y a-t-il dans la législation coloniale de la Martinique quelque prohibition qui puisse excuser les juges prévôtaux de n'en avoir pas donné à la suppliante, ou de l'avoir mise dans l'impossibilité matérielle et physique de s'en procurer un ?

M. le baron de la Mardelle, commissaire de justice à la Martinique, en vertu d'une ordonnance royale du 22 novembre 1819, a rappelé publiquement aux magistrats, le 1er mai 1820, lors de son installation, qu'on ne pouvait refuser un défenseur aux hommes libres.

Comment M. Rivière, qui a été le défenseur de *Bissette*, *Fabien* et *Volny* a-t-il pu, remplissant les fonctions de procureur du roi près la cour prevôtale, oublier ce principe, lui dont c'est la profession habituelle, et qui s'est plaint avec raison du peu de temps qui lui était laissé pour répondre à l'accusation qu'il était chargé de combattre ? Comment, en qualité de procureur du roi, chargé au nom de votre majesté de faire jouir les accusés des garanties que la loi leur accorde, et que l'humanité seule commande, n'a-t-il pas adressé à cet égard ses réquisitions à la cour prévôtale pour qu'un défenseur fût accordé à cette malheureuse femme ?

N'est-il pas évident que si elle avait eu un défenseur, toute condamnation était impossible ?

Ce défenseur n'eût-il pas pris des conclusions formelles pour que le pharmacien de S.-Pierre, chez lequel on prétendait que Marie - Louise Lambert avait acheté le poison, fût interrogé comme témoin, et confronté avec l'accusée?

N'était-ce pas là le premier des moyens justificatifs; et l'ordonnance du 3 novembre 1789 ne considère-t-elle pas l'admission des preuves justificatives comme une garantie essentielle de toute instruction criminelle, qui ne doit pas être laissée à l'arbitraire du juge?

N'était-ce pas encore au procureur du roi à y conclure dans l'intérêt de la justice et de l'innocence; et puisqu'on ne croyait pas devoir accorder de défenseur à Marie-Louise Lambert, ne devait-on pas suppléer au moyen que le défenseur le moins exercé n'eût pas manqué de faire valoir?

Le troisième grief, en la forme, de la suppliante, est le défaut de publicité du débat; et qu'on ne dise pas que cela est conforme à l'édit de 1670 : cette ordonnance a été modifiée sur ce point par le grand-juge de la colonie (M. Lefessier Grandprey), depuis membre de la cour de cassation, par un arrêté spécial du 1er novembre 1803.

Sans doute ce n'est pas inutilement que cet arrêté a été inséré au code de la Martinique.

Dira-t-on que la *publicité* des débats en matière criminelle est incompatible avec les circonstances locales des colonies , à cause de la rivalité des castes; mais dans l'Inde , où il y a aussi plusieurs races d'hommes , des Européens privilégiés ou diverses castes , le jury a été introduit.

A Bourbon , où il y a des nègres, des hommes de couleur libres et des blancs, les débats criminels sont publics. Au Sénégal, l'ordonnance royale du 7 janvier 1822 a voulu que le débat fût oral et public, que l'accusé eût un défenseur. A Cayenne, deux ordonnances en date des 16 et 27 août 1819, ont voulu la publicité, ainsi que l'assistance d'un défenseur , même devant la juridiction prévôtale.

Dira-t-on que cette formalité n'est pas essentielle; est-ce donc que l'on contesterait aujourd'hui que la publicité n'est pas la première et la principale garantie des accusés ?

Si le débat eût été public, les juges prévôtaux auraient-ils condamné Marie-Louise Lambert à une peine afflictive et infamante sur la seule déclaration de sa coaccusée, lorsqu'aucun témoin n'était produit, lorsqu'aucune preuve de culpabilité n'était acquise ?

Enfin, pour dernier et principal grief, et comme moyen victorieux de révision, nous ferons valoir cette circonstance capitale, c'est que Marie-Louise Lambert n'a pas été déclarée atteinte et convaincue du crime de complicité, mais seulement *soupçonnée*; or, ce serait insulter à la raison humaine et à la justice, que de discuter ici sérieusement la question de savoir si un soupçon peut justifier une condamnation aussi exorbitante?

La cour de cassation a jugé le 11 juin 1825 dans l'affaire Rollande que ce pouvait être tout au plus l'objet d'une réprimande, d'une censure ou d'un blâme.

Enfin, la cour de la Martinique elle-même, dans le Mémoire qu'elle a adressé à S. E. le ministre de la marine, dans l'affaire des hommes de couleur s'exprime ainsi sur le véhément soupçon.

« Quant à l'expression de véhémentement « soupçonné, employé deux fois dans l'arrêt « (du 12 janvier 1824), elle est de pure « forme, elle était souvent employée dans les « anciens parlemens ; quelque violent que soit « un soupçon, il ne peut donner lieu *seul* à « l'application d'une peine. »

C'est en effet ce que pensaient tous les criminalistes anciens, Muyart de Vouglans, Jousse et Serpillon, alors même que l'ordonnance de 1670 paraissait accorder un pouvoir discrétionnaire et illimité aux magistrats.

V. M. daignera ne pas oublier dans cette circonstance, cette grande maxime de droit criminel, proclamée à la face du monde, il y a dix siècles, par Charlemagne :

« Nullus suspicione arbitrio judicet, sed priùs

« quidem probet et sic judicet ; non enim qui
« accusatur sed qui convincitur, reus est ; pessi-
« mum namque et periculosum, quemquam de
« suspicione judicare. In ambiguis Deo reser-
« vetur sententia. »

Si ces juges ne pouvaient acquérir la conviction de la culpabilité de Marie-Louise Lambert,
ils devaient la mettre en liberté et ne pas réta-
blir, sous une autre forme, l'abominable torture si justement abolie par Louis XVI en 1779,
après avoir été introduite dans la colonie, le 20
décembre 1674, par un arrêt du conseil supérieur.

§ III. — *Illégalité de l'exécution de la sen-tence prévôtale et de la peine du fouet.*

Déjà l'humanité, dont la voix est supérieure à
tous les sophismes, a blâmé l'exécution barbare
et précipitée qui a été donnée à la sentence le jour
même où elle a été prononcée (le 20 août 1823).
On croit répondre à ce reproche en disant que
l'ordonnance de 1670, par l'art. 21 du titre XXV
dont l'ordonnance institutive de la cour prévôtale en 1822 ne fait que reproduire la disposition en termes moins énergiques, commande
de faire *exécuter les jugemens criminels le
même jour qu'ils ont été prononcés.*

Cela paraît au premier coup d'œil sans ré-
plique ; mais une bouche royale va nous four-
nir la réponse

« Par l'article 5 de notre déclaration du 4 mars
« 1724, nous avons, dit Louis XV, ordonné
« que tous ceux qui seront condamnés aux ga-
« lères à temps ou à perpétuité, seront flétris
« avant d'y être conduits des trois lettres G. A. L.
« pour, en cas de récidive, être punis de mort. Il y
« avait lieu de la regarder moins comme une
« peine que comme une note, qui pût servir à re-
« connaître ceux qui, après avoir subi leur peine,
« retomberaient dans de nouveaux crimes.....

« Nous apprenons cependant que les officiers
« du parlement de Rouen croient devoir faire
« subir la flétrissure aussitôt après la condam-
« nation, en sorte que dans les cas où nous ju-
« geons à propos, par un effet de notre clémence,
« d'accorder des lettres de décharge de la peine
« ou de commutation, il se trouve que les accu-
« sés ont déjà reçu la note IRRÉPARABLE d'une
« flétrissure, qui n'est cependant que la suite de
« la condamnation aux galères.

« Le véritable objet de l'article 21 du titre
« XXV de l'ordonnance dont on appuie cet usage,
« et c'est ainsi qu'il a été ENTENDU DANS LES AU-
« TRES TRIBUNAUX, a été l'exécution des juge-
« mens qui portent une condamnation à mort
« ou à une peine afflictive prononcée directement
« comme peine principale.

« Au lieu qu'il est visible que la condamnation
« aux galères dont la flétrissure n'est que l'acces-
« soire n'est pas de nature à être exécutée sur-

31

« le-champ, puisque par la déclaration du 4 mars
« 1724, nous nous sommes contentés d'ordon-
« ner qu'ils seraient flétris, *avant* que d'y être
« conduits.

« Ainsi, toutes sortes de raisons se réunissant
« en cette occasion pour nous engager à faire
« cesser un usage qui pourrait nous priver sou-
« vent, par *une exécution trop prompte*, de la
« faculté de faire éprouver les effets de notre
« indulgence et de notre équité à ceux des con-
« damnés aux galères, dont nous croyons devoir
« adoucir la peine, nous avons jugé à propos
« d'expliquer nos intentions *plus précisément*
« sur ce sujet. »

A ces causes, la déclaration royale du 5 mai
1750, a ordonné aux officiers du parlement de
Rouen de ne point faire infliger la flétrissure aux
condamnés aux galères, si ce n'est *quinze jours
au plus tôt avant leur départ pour le bagne.*

Cette loi n'était point inconnue dans la colonie;
car elle est formellement indiquée dans le com-
mentaire de Jousse, qui est cité à plusieurs re-
prises et invoqué comme autorité coloniale, dans
le mémoire des magistrats de la Martinique du
mois de juin 1826.

Le procureur du roi en son particulier est
inexcusable de n'avoir pas empêché cette exécution, parce qu'il peut moins qu'un autre cher-
cher une excuse dans son ignorance.

Il est évident que si, au lieu de s'embarquer

précipitamment pour mettre fin aux réclamations pressantes du vertueux abbé Caillaux, M. Rivière eût mûrement examiné la chose, il eût reconnu la nécessité de surseoir à l'exécution à l'égard de Marie-Louise Lambert, et il eût ainsi prévenu la résistance motivée du bourreau.

Un tel sursis eût été pour cette malheureuse femme un gage presqu'assuré d'une grace entière.

Quant à nous, forts de l'ordonnance du 5 mai 1750, nous devons demander à V. M. une satisfaction contre le procureur du roi qui laisse ainsi opprimer l'innocence et le malheur.

Nous ferons valoir comme dernier grief, la barbare torture du fouet.

On a vu que par l'ordonnance de 1724, les prédécesseurs de V. M. ne se sont déterminés à établir la marque que pour reconnaître les accusés en récidive, et non comme une peine.

Cependant à la Martinique on ajoute arbitrairement à la rigueur des ordonnances.

Pour faire sentir au conseil de V. M. la nécessité de réprimer une telle déviation des règles de l'humanité, nous rappellerons que la peine de la roue et du fouet est encore appliquée dans les colonies, et qu'on y invente même des suplices dignes de l'Asie.

Le 11 brumaire an XI, à la Guadeloupe, colonie voisine, un chevalier de St.-Louis, Millet de la Giraudière a été condamné comme conspirateur à être exposé vivant dans une cage de fer sur la place de la Pointe-à-Pitre jusqu'à ce que mort s'ensuive.

Raynal dit qu'être exposé au soleil ardent de la zone torride est un supplice plus cuisant, plus affreux que celui du bûcher. La cage de fer de sept à huit pieds de haut à claire-voie est exposée sur un échafaud ; on y renferme le condamné ; il y demeure à cheval sur une lame tranchante, ses pieds portent sur des étriers, et il est obligé de tenir le jarret tendu pour éviter les atteintes de la lame.

Sur une table devant lui se trouve un pain et une bouteille d'eau, mais la garde l'empêche d'y toucher ; quand ses forces sont épuisées il tombe sur le tranchant qui lui fait les plus cruelles blessures, il se relève, il retombe encore.

Ce supplice dure trois ou quatre jours.....

Le supplice du fouet s'exécute avec barbarie. D'après les renseignemens qui nous sont transmis, on étend le patient sur une échelle ; et on lui applique à nu jusques à vingt-cinq coups, s'il peut les supporter.

Chaque coup entame la peau et fait couler le sang ; il est rare que le patient ne tombe pas évanoui avant que l'exécution soit achevée.

Le conseil de V. M. a cassé, le 22 avril 1754, un arrêt du conseil supérieur de St.-Domingue, pour application de peines autres que celles établies par les ordonnances.

Résumé.

Nous en avons dit assez pour démontrer au conseil de V. M. la nécessité d'accorder une réparation.

Il est impossible de tolérer plus long-temps, que l'on s'écarte à ce point dans les colonies des règles de l'humanité et de la justice.

Un tel état de choses compromet la sûreté du pays et la dignité de la couronne elle-même, en donnant à penser que l'on tolère des violations aussi manifestes des lois divines et humaines.

Nous dirons, en terminant, qu'il résulte des documens recueillis par S. Exc. le ministre de la marine dans la colonie, et transmis à S. Exc. le ministre de la justice, le 30 mai 1826, que les renseignemens obtenus sur la négresse Marie-Louise Lambert, lui sont *extrêmement favorables*, et qu'elle est digne de la clémence de Votre Majesté.

A ces causes, plaise à Votre Majesté, en son conseil,

Ordonner que le procès fait, à la requête du procureur du roi devant la juridiction prévôtale de la Martinique, à la demoiselle Marie-Louise Lambert, sera révisé :

Ce faisant, que la sentence rendue le 20 août 1823, et l'exécution qui s'en est suivie seront et demeureront rétractées ;

Autoriser aussi la suppliante à poursuivre devant les tribunaux : 1° M. le gouverneur Donzelot, pour avoir abusé de ses pouvoirs, en instituant en pleine paix, la juridiction prévôtale de la Martinique, et lui donnant pouvoir sur les personnes libres, avec suppression des garanties de la défense, de la publicité et du nombre des voix.

Et 2° M. Rivière, procureur du roi près ladite cour prévôtale, pour avoir privé la suppliante d'un défenseur, du témoignage du pharmacien, et de la garantie de la publicité; pour avoir requis l'application d'une peine, quand il n'existait pas de conviction légale du crime; et enfin pour avoir souffert l'exécution de la sentence, au mépris de l'ordonnance du 5 mai 1750.

ISAMBERT, *Avocat aux Conseils du Roi.*

Arrêt de la Cour de cassation du 25 août 1826.

Ouï M. Ollivier en son rapport, M. Laplagne Barris en ses conclusions, et Me Isambert en ses observations;

Attendu qu'il s'agit dans l'espèce d'un pourvoi formé contre le jugement rendu au fond par la cour prévôtale établie dans l'île de la Martinique, aux termes d'une ordonnance du gouverneur en date du 12 août 1822, rendue en vertu du pouvoir que le gouverneur tenait du décret du 6 prairial an 10; qu'il résulte des dispositions de ce décret que la juridiction dont il s'agit, était instituée à l'imitation des anciennes juridictions prévôtales;

Que la voie de la cassation n'était ouverte sous l'empire

de l'ordonnance de 1670 que contre les jugemens de compétence rendus par les présidiaux en faveur des prévôts des marchands, ainsi qu'il résulte de l'art. 15, titre XII de ladite ordonnance, et non contre les jugemens et sentences des prévôts ;

Que pendant l'existence des tribunaux spéciaux et des cours spéciales qui étaient investis d'attributions analogues à celles de l'ancienne juridiction prévôtale, la cour de cassation ne connaissait que de la compétence de ces tribunaux et cours, et que jamais leurs arrêts ou jugemens ne lui étaient déférés ;

Que sous l'empire du décret du 10 octobre 1810, portant création des cours prévôtales, les arrêts définitifs que ces cours rendaient après un jugement de compétence confirmé par la cour de cassation, n'étaient point sujets au recours en cassation, ainsi qu'il résulte de l'art. 6 dudit décret ;

Que d'après l'établissement des cours prévôtales sous l'empire de la Charte, la voie de cassation n'était ouverte aux termes de la loi du 20 décembre 1815, ni contre les arrêts des chambres d'accusation des cours royales qui prononçaient sur la compétence desdites cours prévôtales, aux termes de l'art. 39 de ladite loi, ni contre les arrêts émanés de cette juridiction qui statuaient au fond, ainsi qu'il résulte de l'art. 45 de ladite loi ;

Qu'il suit delà, qu'à aucune époque de notre législation, la voie de la cassation n'a été ouverte lorsqu'il s'agissait des cas prévôtaux, que contre les jugemens de compétence, et jamais contre les jugemens et arrêts qui prononçaient sur le fond ;

La Cour déclare Marie-Louise Lambert non-recevable dans son pourvoi contre l'arrêt de la cour prévôtale de la Martinique du 20 août 1823, qui la condamne à être fouettée et marquée au pied de l'échafaud, et à la réclusion perpétuelle.

ARRÊT

DE LA COUR PRÉVÔTALE DE LA MARTINIQUE,

Qui affranchit de la peine capitale un accusé convaincu, et condamne sur un simple soupçon Marie-Louise Lambert, au fouet, à la marque et à une réclusion perpétuelle.

Au bourg du Lamentin (île Martinique), le 20 août 1823.

Copié sur une expédition officielle déposée au greffe de la maison centrale de Rennes, légalisée le 29 septembre 1823, par le lieutenant-général gouverneur Donzelot.

Louis, etc., à tous présens et à venir, salut ; faisons savoir que la cour prévôtale de la Martinique a rendu l'arrêt suivant :

Vu par la cour prévôtale de la Martinique, séant au bourg du Lamentin, composée de MM. Davout (François-Claude), prévôt et président ; Lagrange-Chancel (J.-A.), lieutenant du commandant le remplaçant pour cause d'empêchement ; Lépinai (J.-B.), faisant fonction de lieutenant-commissaire ; Gagneron (M.-A.), notable ; Levassor de Latouche (L.-C.-M.), notable ; de Prépetit (H.-M.-M.), lieutenant de gendarmerie, juge rapporteur ; le procès criminel instruit et extraordinairement poursuivi à la requête du procureur du roi (M. A. Rivière fils, avocat), demandeur et accusateur, agissant de son office d'une part,

Contre, 1° la négresse *Marie-Claire*, appartenant à madame veuve Buée ; 2° le nègre *Joseph*, appartenant à M. de la Tuillerie ; 3° la négresse *libre*, Marie-Louise *Lambert*, demeurant à Saint-Pierre, accusés d'autre part ;

Ledit procès contenant toutes les pièces visées et mentionnées au jugement du 18 de ce mois, qui règle la procédure à l'extraordinaire ;

Vu aussi le réquisitoire du procureur du roi et le procès-verbal des débats;

Vu enfin l'ordonnance du roi du mois de février 1724, et celle de M. le gouverneur et administrateur pour le roi, en date du 12 août 1822;

Le tout vu et mûrement examiné, et ouï M. de *Prépetit*, en son rapport verbal des charges et informations de la procédure, dont lecture a été faite, ainsi que les conclusions définitives du procureur du roi;

Attendu, en ce qui touche la nommée *Marie Claire*, qu'il résulte de ses aveus contenus dans son interrogatoire et des débats, qu'elle a empoisonné la dame *Buée*, sa maîtresse, la demoiselle *Nollier* et sa servante *Caroline*, ainsi que plusieurs esclaves dépendans des habitations de sa maîtresse et de M. de la Thuillerie, comme aussi plusieurs bestiaux desdits propriétaires;

En ce qui touche le nommé *Joseph*, qu'il résulte des aveus consignés dans son interrogatoire, et dans celui de *Marie Claire*, et des débats, qu'il a donné des alimens empoisonnés à des personnes, et qu'il a fait périr plusieurs bestiaux;

En ce qui touche la négresse *libre* Marie-Louise *Lambert*, attendu qu'il résulte de l'interrogatoire de *Marie Claire*, et des débats qu'elle est *violemment soupçonnée* d'avoir conseillé l'empoisonnement de la dame Buée, et d'avoir fourni du poison à cet effet,

La cour DÉCLARE les nommés *Marie Claire* et *Joseph* dûment atteints et convaincus d'avoir commis le crime d'empoisonnement, et pour réparation de ce, elle condamne la nommée *Marie Claire* à être conduite par l'exécuteur des hautes œuvres sur un échafaud, qui sera dressé sur la place ordinaire des exécutions, et là, comme coupable du crime de *parricide* [1], puisqu'elle a

____

(1) Il y a quelque différence entre un maître et un père. Le

attenté aux jours de sa maîtresse, y avoir le poing droit et la tête tranchés, et attendu que le nommé *Joseph* n'a été *long-temps* que l'instrument *passif* [1] de *Marie Claire*, et que d'ailleurs son âge le rend insusceptible de la peine prononcée contre les empoisonneurs [2], la cour le condamne à assister à l'exécution, et le renvoie à la discipline de son maître [3];

Et quant à la négresse libre Marie-Louise *Lambert*, d'après les *violens soupçons* qui pèsent sur elle [4], la cour la condamne à être conduite par l'exécuteur au pied de l'échafaud pour y être fouettée [5] et marquée, et être ensuite conduite sur le continent de la France, pour y être enfermée dans une maison de réclusion *à perpétuité*, et jusques-là à garder prison dans la géôle neuve du Fort-Royal.

Fait et prononcé au bourg du Lamentin [6], cejourd'hui 20 août 1823.

---

premier nourrit l'esclave uniquement à raison du bénéfice et du travail qu'il lui apporte; l'esclave ne lui doit donc aucune reconnaissance. Un père, au contraire, non-seulement donne le jour à ce fils, mais il travaille toute sa vie à assurer le bonheur de son enfant, et se prive de tout pour lui : d'où il suit que l'enfant doit une reconnaissance éternelle à l'auteur de ses jours. Il n'est pas en la puissance des lois humaines d'assimiler des choses aussi différentes.

(1) Si cela avait toujours existé, Joseph n'aurait pas eu sa raison, il ne serait pas coupable.

(2) A quoi pensent les juges prévôtaux? cette peine est celle de mort.

(3) C'est-à-dire qu'on le remet en liberté, ou qu'on autorise son maître à le corriger discrétionnairement à coups de fouet.

(4) La cour de la Martinique, dans son mémoire justificatif de l'arrêt du 12 janvier 1824, produit le 29 juillet 1826 à la cour de cassation, a déclaré que le soupçon, quelque véhément qu'il soit, ne peut *seul* servir de base à une condamnation.

(5) Le fouet qui s'exécute avec barbarie, est une torture qui n'est autorisée par aucune loi.

(6) Où la cour s'est exprès transportée.

Mandons et ordonnons à tous gendarmes sur ce requis, de mettre le présent arrêt à exécution; à notre procureur du roi près ladite cour, d'y tenir la main [1], et à tous commandans et officiers de la force publique d'y prêter main-forte lorsqu'ils en seront légalement requis.

La minute est signée : G.-B. Lépinai, R. de Prépetit, M.-A. Gagneron, le vicomte de la Touche, Lagrange-Chancel, Davout [2] et Blanc, *Greffier.*

Procès-verbal d'exécution.

L'an 1823, le 20 août, l'arrêt ci-dessus a été par moi greffier, lu aux accusés dans la prison du susdit bourg; et après que les secours de la religion leur ont été administrés par le curé du lieu [3], ils ont été remis entre les mains de l'exécuteur de la haute-justice qui les a conduits le même jour à quatre heures de relevée en la place dudit bourg, et a exécuté ledit arrêt selon sa forme et teneur [4], *signé* Blanc, vu par le président de la cour prévôtale, *signé* Davout.

Extrait de la Gazette des tribunaux du 5 novembre 1826.

Une question toute nouvelle et du plus haut intérêt vient de se présenter devant la cour Rennes.

(1) Le procureur du roi ne devait pas requérir la condamnation il était chargé de l'exécution. Cependant M. Rivière est retourné au Fort-Royal.

(2) L'arrêt de la cour de la Martinique du 12 janvier 1824 n'a pas été signé par les juges, malgré l'ordonnance.

(3) L'abbé Cailliaux, qui depuis a quitté la colonie, ses représentations ayant été vaines.

(4) *V.* son refus au mémoire. Le bourreau avait-il donc un pressentiment de l'existence de l'ordonnance du roi du 5 mai 1750, qui défend ces exécutions précipitées ?

Marie-Louise Lambert, dont nous avons rapporté la déplorable histoire, s'était, au mois d'avril dernier, pourvue en grace devant le roi, au sujet de la sentence de la cour de la Martinique qui la condamne à une réclusion perpétuelle. Instruite que d'après la loi il existait un recours en cassation et en révision contre les jugemens en matière criminelle, elle écrivit le 1er juin au ministre de la justice pour qu'il fût sursis à statuer sur sa demande.

En même temps elle se pourvut en cassation; cette cour s'est déclarée incompétente le 25 août. Restait le recours en révision. Me Isambert présenta la requête au roi en septembre 1826. Cependant, le 4 octobre, des lettres furent expédiées à la chancellerie, qui commuaient la peine de la réclusion en celle de vingt années de détention. Ces lettres ont été adressées au procureur-général à la cour de Rennes pour être entérinées en vacations. La fille Lambert eut connaissance de l'expédition de ces lettres, et après avoir pris l'avis de membres distingués du barreau de Rennes, et de Me Isambert, son avocat, qui, par cas fortuit, se trouvait en cette ville, elle a fait présenter le 26 octobre, par Me Rapatel, avoué en la cour, la requête suivante :

—————

A MM. les présidens et conseillers composant la cour royale de Rennes.

« Marie-Louise Lambert, femme de couleur libre de la Martinique, âgée de cinquante-deux ans, détenue en la maison centrale de cette ville ;

« Expose respectueusement à la cour, qu'elle vient d'être informée que des lettres ont été expédiées en son nom, par le ministre ayant le département de la justice, et qu'elles doivent être entérinées, elle présente à la cour, à son audience du 27 octobre 1826 ;

« Que ces lettres portent commutation en une détention de vingt années de la peine de la réclusion prononcée contre elle par la sentence de la cour prévôtale de la Martinique du 20 août 1823, avec soumission à la surveillance de la haute police pendant toute sa vie.

« Sans repousser la grace du monarque bien-aimé des Français, la suppliante ne peut en l'état accepter lesdites lettres, et elle s'oppose à leur entérinement.

« Les motifs de cette opposition sont qu'avant tout, elle veut et doit épuiser les moyens de justice, et prouver son entière innocence par les moyens que la loi met en son pouvoir.

« Les lettres de commutation sont fondées sur une supplique en grace qu'aurait présentée l'exposante.

« Au moment où l'ordonnance a été soumise à la signature de Sa Majesté, il n'existait point de demande de cette nature, sur laquelle il pût être statué, attendu que la suppliante, dans un écrit adressé au ministre du roi, le 1er juin 1826, avait formellement déclaré qu'elle voulait se pourvoir par les voies de droit contre la sentence dont elle se plaint.

« Depuis, en effet, elle s'est pourvue devant la cour de cassation ; cette requête a été déposée le 1er ou le 2 septembre 1826, par Me Isambert, conformément au vœu de la suppliante, et aux pouvoirs qu'elle lui avait conférés. Dès le 1er juin 1826, un rapporteur a été nommé parmi les maîtres des requêtes, et ce rapporteur est M. Broë, avocat-général à la cour de Paris. Dans ce moment, elle est informée que les pièces du procès sont, depuis le commencement d'octobre, dans les mains de M. le maître des requêtes qui doit incessamment faire son rapport.

« Elle justifie par l'imprimé de sa requête ci-jointe et signée de Me Isambert, que la sentence dont il s'agit est attaquée régulièrement par voie de révision.

« Ce serait de sa part renoncer au bénéfice de sa requête que d'accepter en ce moment les lettres de commutation.

« Son innocence lui est plus précieuse que la vie ; quand elle vivrait assez long-temps pour arriver au terme de la commutation, pourrait-elle rentrer dans la société sous un poids aussi lourd que celui d'avoir commis un empoisonnement. Ce crime est si horrible que tout le monde la fuirait quoique graciée, qu'elle perdrait pour jamais l'intérêt des ames honnêtes, si elle acceptait la flétrissure que lui imprime la sentence de condamnation, et que renouvellent les lettres de commutation.

« Il est d'ailleurs de principe qu'il ne doit être statué sur aucune demande en grace, tant que la voie de la justice est ouverte, et qu'il n'a pas été donné de désistement ; car la société est intéressée à ce que l'innocence soit protégée et obtienne réparation, si la condamnation a été illégale en la forme et injuste au fond.

« A ces causes, plaise à la cour donner acte à la suppliante de ce qu'elle n'accepte pas lesdites lettres de commutation, de ce qu'elle implore avant tout la justice du monarque, et de ce qu'elle attend qu'il soit statué sur sa requête en révision. »

Cette requête a été communiquée au procureur-général du roi qui a sursis à requérir l'entérinement.

ARRÊT

De la cour prévôtale de la Martinique qui prononce sur une accusation d'empoisonnement.

27 Novembre 1822.

Par ce jugement on déclare les esclaves Prosper, J. Noël, Lazare, Calixte, Marcel, Offort, Catherine, Reine, Xavier, Saint-Paul, MM. Doade, Regis et Jean-Baptiste,

atteints et convaincus d'avoir distribué du poison et de
s'en être servi pour tuer des animaux[1];

Charlotte, Marie Josèphe dite Zo, et Thérésine Hippo-
lyte, sont déclarées convaincues d'avoir employé du poison pour faire mourir des enfans[2] et des bestiaux;

Reine, Laurent, Romuald dit Laurette, sont atteints
et convaincus d'avoir préparé et distribué du poison[3];

Pour réparation de quoi, tous les susnommés sont condamnés à avoir la tête tranchée.

Les nègres Placide, Beau, Charles, Maximin, ont
été condamnés aux galères à perpétuité et à la marque,
sans que le jugement exprime le motif de la condamnation; ce qui est contraire à l'ordonnance du roi du 22
novembre 1819.

Ce jugement porte le considérant suivant :

« Attendu qu'il convient de multiplier les exécutions
« pour effrayer le crime. »

(1) L'empoisonnement des animaux, d'après l'article 452 du code
pénal, ne peut être puni d'une peine supérieure à 5 ans d'empri-
sonnement et 300 francs d'amende.

(2) Si c'étaient leurs propres enfans ce serait le crime effroyable
d'infanticide; pourquoi ne nomme-t-on pas les enfans qui ont été
victimes du crime? Il n'y a qu'à la Martinique que l'on confond les
enfans et les bestiaux. Marie-Josèphe Zo a été, si on l'en croit, en-
terrée dans la terre jusqu'au cou; c'est une espèce de torture usitée
pour arracher à l'accusée l'aveu de son crime. La loi de 1789, qui
abolit la torture, n'a point été publiée à la Martinique.

Zo était enceinte au moment de sa condamnation, elle n'a point
été exécutée, et se trouve en ce moment à la maison centrale de
Rennes. Elle a obtenu des lettres de commutation de 20 années, le
3 septembre 1824.

(3) D'après la loi, ce ne serait un crime qu'autant que la distri-
bution du poison se rattacherait à un empoisonnement consommé ou
au moins tenté, et qui n'aurait manqué son effet que par des circonstances fortuites indépendantes de la volonté du coupable.

ARRÊT

De la cour prévôtale qui prononce sur des accusations d'empoisonnement.

1er juillet 1823.

Le nègre Parfait, pour avoir volé de l'arsenic et empoisonné des bestiaux, Ambroise et Pierre, pour avoir empoisonné des hommes (que l'on ne désigne pas) et des animaux, sont condamnés à la peine de mort.

J. François est convaincu d'avoir seul et de complicité empoisonné des personnes et des bestiaux; mais il est sursis à son jugement pour être mis en rapport avec d'autres prévenus, et en attendant il est enjoint à sa maîtresse de le tenir au cachot et au secret[1] indéfiniment.

Élise, Zénon, Manette, Modeste et Jolicœur sont déclarés convaincus d'avoir fait des filtres, de prétendus sortilèges, et donné des tisanes qui ont occasionné des maladies et *probablement*[2] causé la mort.

Pour réparation de quoi on les condamne aux galères à perpétuité, et à être fouettés et marqués[3].

On ordonne un plus ample informé indéfini contre des esclaves dénommés en l'arrêt.

ARRÊT

De la cour prévôtale de la Martinique, qui prononce sur des accusations d'empoisonnement contre des esclaves.

9 avril 1823, maison centrale de Rennes et bagne de Brest.

Il résulte des charges de la procédure que le nègre *Ca-*

(1) Il est inutile de faire remarquer combien il est extraordinaire de changer une maison particulière en prison, et de soumettre l'accusé au pouvoir discrétionnaire d'un propriétaire.

(2) La justice criminelle peut-elle prononcer une peine afflictive et perpétuelle sur une simple probabilité?

(3) Manette est décédée dans la maison centrale de Rennes;

Élise est vivante; elle est mulâtresse; il semblait qu'elle avait plus qu'une autre des droits à la clémence royale.

lixte a donné du poison à deux négresses, et qu'il est fortement soupçonné d'en avoir empoisonné une autre [1],

Que Marie Thérèse [2] et Jeanne Rose ont reçu du poison des mains de Calixte, et ont empoisonné des bestiaux.

Grand Bastien a déclaré à un témoin qu'il avait empoisonné des bestiaux, et il résulte de l'interrogatoire de Calixte, et des débats, qu'il a donné du poison à Julie;

Mulau est complice de deux nègres qui lui ont montré du poison dont ils faisaient usage, et il avait en sa possession un dépôt caché de poison;

Roche s'est servi du poison pour tuer un animal et un enfant [3];

Pour réparation de quoi, les susnommés sont condamnés à avoir la tête tranchée au Lamentin;

Scholastique [4] est chargée par un témoin d'avoir reçu du poison, et il y a de forts indices qu'elle en a reçu, pourquoi elle est condamnée à être fouettée et marquée, et à une réclusion perpétuelle en Europe;

Victor et Alerte sont condamnés aux galères à perpétuité et à la marque [5], l'un pour avoir donné du poison à un esclave, avec présomption qu'il s'en est servi, et l'autre parce que de violens soupçons s'élèvent contre lui d'avoir reçu du poison.

Au pied de ce jugement est un procès-verbal du greffier, sous la date du 10 avril 1823, constatant l'exécution; la vérité est pourtant que Marie-Louise n'a

(1) Donner du poison est un indice, et non pas une preuve de crime.

(2) Elle est vivante à Rennes; elle a été suspendue par les aisselles par ordre de son maître, parce qu'elle se disait enceinte, ce qui a produit une fausse couche.

(3) Il fallait dire quel enfant.

(4) Scholastique est décédée à la maison centrale de Rennes.

(5) Ils sont décédés au bagne de Brest, les 28 septembre 1823, et 19 janvier 1825.

point été exécutée, puisqu'elle existe à la maison centrale de Rennes : il paraît qu'elle était enceinte au moment de sa condamnation.

Elle a obtenu des lettres de commutation de vingt ans de réclusion, par lettres du 14 juillet 1824.

Bagne de Brest.

On trouve sur les registres de ce bagne l'indication de plusieurs autres nègres condamnés par la cour prévôtale sur un simple soupçon, et qui sont décédés dans l'année de leur arrivée ou peu à près, savoir :

1° Jean-Baptiste IGNACE, condamné le 17 novembre 1823, pour avoir *empoisonné un bœuf*; inscrit au bagne le 18 mai 1824, mort le 3 avril 1825.

Arrêt du 2 décembre 1823.

2° Eugène, âgé de 38 ans, mort au bagne le 25 mars 1825.

3° JACQUET, âgé de 26 ans, mort le 7 novembre 1824.

4° J. Louis, âgé de 60 ans, décédé au bagne de Brest, le 28 mars 1826.

5° Raymond (mulâtre), âgé de 36 ans, condamné comme *véhémentement* soupçonné d'avoir, de complicité, empoisonné des personnes et des animaux, et d'avoir usé par superstition d'ossemens humains, pour exécuter et cacher le mal.

Ce mulâtre est vivant et enregistré sous le n° 15,545.

6° Régis, nègre, âgé de 35 ans, condamné au bourg du Diamant, aux galères, pour avoir fabriqué et distribué des poisons.

Il est vivant et inscrit sous le n° 15,549.

7° LAURENT, nègre, âgé de 45 ans, décédé à Brest le 11 juillet 1825.

Il existe au bagne de Rochefort un nègre nommé LÉON, appartenant à M. Bidault, condamné par la cour prévôtale en 1825, sur un simple soupçon, aux galères.

On ignore s'il en existe d'autres à Rochefort et à Toulon.

Sur quinze nègres arrivés au bagne de Brest depuis trois ans, il en est mort treize.

Arrêt du 16 novembre 1822, affaire dite du Mont-Carbet.

Apolline et *Suzanne*, déclarées par cet arrêt, savoir : Apolline, coupable d'avoir assisté au conciliabule des conjurés et approuvé le complot; de s'être momentanément mêlée aux assassins après le meurtre du sieur Fisel, et d'avoir reçu du nommé Hubert un dé d'or, un morceau de chaîne en or et un anneau provenant des vols faits chez le sieur Ganat, et d'avoir recélé lesdits objets;

Suzanne, d'avoir connu et approuvé le complot; d'avoir pendant quelque temps marché volontairement avec les révoltés sans avoir participé aux assassinats ni aux crimes qui en ont été la suite.

Ont été condamnées à être fouettées et marquées, et ont été conduites à la maison centrale de Rennes; Apolline vit encore; elle est âgée de 23 ans.

Abolition de la cour prévôtale de la Martinique.

Par lettre ministérielle du 28 novembre 1826, sur la prise la requête de Marie-Louise LAMBERT, S. E. Monseigneur le comte de Chabrol, ministre de la marine, vient d'annoncer que la cour prévôtale de la Martinique cesserait d'exister, à partir du premier janvier 1827.

IMPRIMERIE DE E. DUVERGER,
RUE DE VERNEUIL, N. 4.

www.ingramcontent.com/pod-product-compliance
Lightning Source LLC
Chambersburg PA
CBHW061326060726
47596CB00003B/1098